MALVERSADO

ALEX PADINA

Platero
COOLBOOKS

Título: Malversado
Primera edición: julio, 2024
© 2024, del texto Alex Padina.
© 2024, del diseño e ilustración de portada Fran Listán.
© 2024, de la edición, maquetación y diseño Platero CoolBooks.
© Platero Editorial S.L.
Glorieta Fernando Quiñones s/n .
Edif. Centris, planta 2, módulo 10. 41940 Tomares (Sevilla)
info@plateroeditorial.es
www.plateroeditorial.es
Diseño de cubierta: Platero Coolbooks.

Printed in Spain-Impreso en España
ISBN: 978-84-10062-57-3

there's a bluebird in my heart that
wants to get out
but I'm too clever, I only let him out
at night sometimes when everybody's asleep

—*The Bluebird, Charles Bukowski*

malversar

(De *mal* y *versar*).

tr. Apropiarse o destinar los caudales públicos a un uso ajeno a su función.

PRÓLOGO

La palabra "malversar" viene del latín *male versatio*, que significa mal invertido. Opté por llamar *Malversado* a esta obra porque, en los dos últimos años, me he apropiado de las sensaciones que me provoca todo lo que me rodea y las he usado para algo ajeno a su cometido: este poemario. Estos poemas nacen de una etapa de crisis, soledad, miedo y monotonía. Pero también, quiero pensar, hay esperanza y aceptación, porque este segundo poemario, al contrario que mi ópera prima, *Yo soy Azazel*, nace tras quitarme la máscara del anonimato con el que firmaba mis primeros poemas en redes sociales. Surge con menos miedo al qué dirán, compartiendo de manera visceral y honesta las partes más oscuras y ocultas de mí.

La mayoría de estos poemas surgieron de manera espontánea, capturados en libretas, blocs de notas de móvil o servilletas de bares, reflejando un tono coherente a lo largo de dos años de introspección continua. Aunque pueda sonar a cliché, la crisis de la mediana edad al cumplir los cuarenta años, con sus desafíos de salud, reflexiones sobre la mortalidad y ajustes en relaciones personales y sentimentales, ha sido el catalizador de esta obra. *Malversado* busca no sólo explorar mis propias experiencias, sino también ofrecer una voz empática que resuene con otros que atraviesan momentos similares.

Espero que, al sumergirse en *Malversado*, los lectores encuentren resonancia en estas palabras que han surgido de la oscuridad, con la esperanza de encontrar luz y comprensión en su propio camino.

Alex Padina,
Jerez de la Frontera, 18 de junio de 2024

Índice

Amor ceniza

Yo estos prados no los quiero.
Ni bajo el manto estrellado ni con la brisa del mar,
para andarlos solos, los estimo.
Renuncio a esta dispensa de indulto previo,
de carne vibrando a destiempo,
de ritmo irregular, dormir en mármol
y pintar deseos con tinta blanca
sobre el pergamino.

Yo estos labios míos los quiero secos
y sellados, callando lo que han de callar
y míos, muertos, atados,
macerando una lengua expósita
y los restos de palabras abortadas
de verbos que callan y se resignan.
Yo, en estos fuegos, me abraso,
y sobre estos rescoldos que arden aún,
sobre éstos sí camino,
como estrellas bajo los pies
y llagas como estigmas:
Amor ceniza
y dolor divino.

Danza inerte

Palidecen las bocas,
los labios se convierten en flores de tonos pastel
a juego con la vacuidad de la vida.
Florece la sangre
y se espesa, atrapando en su superficie
el matiz violeta de los frutos rojos.
Los ojos se vidrian
para poder observar mejor la nada.

Danza inerte, frágil solemnidad
en la bella muerte
y en el llanto que parte el sueño
al dejar de tenerte.

No es justo

"No es justo", dijo.
Sin reparar en la definición de justicia.
No era principio moral lo que ansiaba,
era una demanda al universo,
una reprimenda a Dios.
"No es justo".
Y al verbalizarlo, se materializaba el destino
como un ser enmascarado, con muchos brazos
y en cada mano una embrollada madeja de hilo.
El destino estaba igualmente atrapado,
con los dedos torpes y enredados,
como si una araña cósmica
les hubiera eyectado hebras.
Destino se zafaba y se volvía a atrapar
en un bucle infinito de acierto y fracaso.
"No es justo", pensó sin fuerzas,
apenas ya con convicción.
Ni la justicia ni el destino le merecían ya respeto,
como tampoco
se lo merecía Dios.

Matalobos

En los páramos salvajes me detengo,
clarea el sol donde las calaveras se destiñen.
No sé si es calor o frío lo que el viento trae,
pero huele a azahar y a combustible consumido.
Como el aliento de un tractor-demonio
que se alimenta de flores y las expulsa
en densas nubes contaminantes.
Se evaporaron las lágrimas que aún no lloré
y dejaron acaso este gran lago salado
anclado en mi alma como un aviso.
Sangre desaturada,
me enveneno al comer la carne
macerada en matalobos
que me echa quien no me quiere cerca.
Ni siquiera me queda el morirme
contemplando la belleza azul-morada del acónito.
Una violencia violeta se me oculta
y en las entrañas me consume.
Muerte de perro, pero digamos lobo,
para compensar la muerte con dignidad.
Pero es cierto que le aullé a la luna,
si los aullidos son un llorar.
Recuerdos gimientes salpican
todo lo que debió ser bello alguna vez.
Era la simpleza lo que engrandecía el amor.
Y yo pensé que lo simple era eterno.

Y yo pensé que lo eterno era cierto.
Y las mentiras que pensé eran niños soldado.
En el Congo, los drogan con tramadol.
Pierden el miedo y piensan que su piel es armadura.
Caen como moscas, los chiquillos,
en batallas que no son ni suyas.
Yo también fui infante en estos amores.
Desenfundé alguna pistola más grande que mi mano
y a mi corazón le convenció algún opioide
de que esta batalla la tenía ganada.
Benditos sean, yo tampoco libré una guerra mía,
como tampoco aceché al ganado.
No soy lobo ni soldado,
pero, igualmente, como a un niño,
me mataron.

Omega

Y al partir, un pie en mi mano
y en mi mano tu pie.
Y tu sueño pendiendo de un hilo
y en la niebla un velero.
Velero sin mar
y mar sin marinero.
Y en la niebla te sueño
y en el sueño te quiero.

Y al volver,
la niebla se rompe teñida de oro.
De oro y nácar el collar que te traigo,
y unas alas a juego pa vestirte la espalda.

Velero sin mar
y ángel sin vuelo.
Sirenas saladas
y amores sin ruegos.

Sobre el temor a la muerte

¿A mí qué me vas a decir sobre la muerte?
A mí, que la he sostenido en mis brazos,
que he visto cómo arrebata un último aliento.
¿Qué me vas a contar sobre la muerte a mí,
con tus frases grandilocuentes,
consuelo de timoratos?
Si yo he visto sus dientes
y tengo mordida el alma.
Muescas violetas de su presa
en mi muslo blanco,
y sus ojos negros y vidriosos tatuados
en el rugoso interior de mi nuca.

Así que, dime:
¿qué me vas a decir de la muerte,
si yo abrazo a quien la teme
y la ve agazapada en las esquinas?
Yo, mientras, la temo como a tiburón,
avatar de la naturaleza,
que la muerte es momento,
pero lo que le sigue...
Dime:
¿qué me dices de lo que le sigue?
Que en el silencio de tu duda
el miedo gime y en su torpeza
todo se detiene.

Y comprendes
que no es la muerte en sí
a lo que se teme.

Noche en Dublín

Hay un muerto en mi cama.
Huele a cerveza y azahar.
Está tumbado y ni me da miedo
ni nos apetece hablar.
A veces tiene los ojos abiertos,
a veces está desnudo.
Alguna vez le vi de uniforme,
en otras, con un leve gesto,
le saludo.
Pensé en preguntarle cómo es aquello.
O, simplemente, por qué ahora o por qué aquí.
Pero hizo un Lázaro, se levantó y anduvo,
y yo simplemente cerré los ojos
y me dormí.

El llanto del abandono

Y a mí, ¿quién me ama?
La frágil vacuidad de la amistad
efímera se desvanece como
regurgita horas el reloj
en el pesar del tiempo.
Contra la pared blanca
aún distingo y presiento tu sombra,
pero dejaste, bruja, una maldición atrás
habitando tu estela:
observa de lo que eres capaz.
Lastimero llanto del abandono
escribo sobre el brillo marmóreo
del cabecero que está por venir.
Que me amen los muertos como yo
amo este vivir.
Y que perdure, eterno, este recuerdo
que imaginando expropio
sin ti.

Barcelona

Añoro la armonía de los otros
a la par que reclamo soledad.
Marchito en interrogantes
y las preguntas se amontonan
en el tiempo que no se sabe detener.
En la Casa Batlló me sobró el mundo,
quise esas paredes para mí,
habitarlas con vosotros.
El portal abrirlo por la mañana y salir
a tomar café y sacar al perro.
También yo lo profané, con gafas
de realidad aumentada y fotos para Instagram.
Gente, la justa, pienso en ocasiones.
Luego, me faltan los momentos
en los que te ríes como ríen los ángeles,
en la distancia y bajo un haz de luz.
Sin que pueda descifrar lo que hablas
en tu idioma de encías expuestas
y el jocoso frenesí de la vida bien vivida.
Abrazos a media altura, manos
pegajosas y ahumadas en carbón.
Permito el vuelo a la abeja, el azahar
está en flor. Luego el silencio
y la feliz contemplación,
un beso de buenas noches
de tus labios una bendición.

Una vida intermitente, por favor,
que parpadee entre la felicidad
y el dolor. Lo abrazo si hiciera falta,
que quizás me lo imponga Dios
como condición.

Tosantos

En una pila están mis memorias
y de verdigrís coloreado
luce, cual estatua profanada,
un altar a mis recuerdos.

Las flores que sean de tela
y sus tallos alambre vestido.
No deseo ramos mustios,
sino la ilusión de estar vivo.

Los girasoles

He visto cómo han ido muriendo
los girasoles. Les cortan el riego
y los dejan secar,
se quedan ahí, erguidos
y cabizbajos, tostándose al sol.
Que lo mismo no sienten ná,
pero hoy los vi, negros y tristes,
ignorando el amanecer,
y me inundó tamaña pena
que los vi por un momento
como personas condenadas,
y mi dolor se vistió de piedad.
"Yo no podría veros morir,
ya fueseis mi único sustento".
Y me sobrevino esta verdad:
que quizás valore más la belleza
que la necesidad.

Me consumo

A veces siento que me consumo,
pero no como lo hacen las cerillas
o como se acaba una botella de vino.

Me consumo
como la brevedad del vaho que no perdura,
como el silencio entre el ruido de fondo.

Dicotomías

Me das por hecho y me confundes
cuando estás presente.
Suelo de mármol:
a tus pies y resistente.
Mis gestos las baldosas
sobre las que reposas
apenas sin darte cuenta.
A penas, sin dar, me cuentas
historias de amar bien
y de querer mal.
Leyendas de lo que pudo ser
y lecciones de moral:
Pa ti el yugo y pa mí el bozal.
Que lo que me cuenta el espejo
pa mí lo dejo.
Distorsión fractal y fatal consejo:
dicotomías de ser
entre el cristal y un reflejo.

Agua

Agua de boca y agua de ranuras.
Agua clara y agua a las duras.
Agua mía, agua tuya:
poción que cura mis males.
Odiar en seco
y amar en humedales.

Amor de aguardiente,
de llama azul y quemada.
Agua helada, nieve en tromba,
agua de alud y cascada.
Agua en la sangre,
agua y saliva,
y flotar en el mar
como dos aguavivas.

Santa Muerte

La sinfonía oculta
de vencejos en el aire caliente
cuando la primavera asoma al verano.
Las terrazas, la gente,
sudor, sombra, pupilas dilatadas,
cervezas frías en la madrugada.

Tanta vida
y tanta suerte de estar vivo.
Santa Muerte
y tanto muerto en el camino.

La Procesionaria

Entró en la procesión apenas sin saberlo,
como quien se apunta a la Santa Compaña.
Una diligencia impuesta al alma en pena:
pena de pena, penita, pena,
y también, cómo no, de condena.
Te veo doblar las esquinas de mi mente
y se me mezcla el olor de la cera ardiente
con el de las flores que marchitan,
dulces y taciturnas, en la doliente
madrugada de estas calles.

En ocasiones te creí la mismísima Virgen,
incluso como un Cristo te percibí:
un rosario de rubíes en cada muñeca
y una cruz de madera de sándalo
lamiendo tu espalda desnuda,
lacerada por un *flagrum kitsch*.
Sus cuentas afiladas con formas de emojis
te duelen igual que una estrella tajante,
pero hacen juego con tu paño de pureza.
Hablan de todo lo que ya no quieres callar,
y sin doler como las palabras,
sin portar tanta tristeza,
igualmente te abren las carnes.

Cuando te veo como el Cristo,
con artículo masculino incluido,
tienes melena gitana por derecho:
como velo humeral te cae por encima de los hombros
y sutilmente te oculta los pechos.
Pese a ser Dios mismo crucificado,
evocas una Lady Godiva sin caballo,
y lloras como una dolorosa
por tu pena, penita, condena.
Madre del Amor, hermosa.
Y en la calle apartan la mirada,
ante una divina Medusa
que igual que te bendice te transforma en piedra,
pero mi mirada, como la de Tom[1],
te observa las lágrimas diamantinas,
como de la Esperanza de la Yedra.

Intenté abrir los ojos, pero peludas
y alargadas se comieron la yema ocular
y me dejaron dos cuencas vacías:
cavidades orbitarias evacuadas,
luces apagadas y binarias,
y como telarañas que atestiguan el abandono,
anidaron en cada ojo
una legión de procesionarias:
lepidópteros que causan grandes estragos
en los pinos, encinas y otras plantas varias.
Aprendí, pues, a ver con lo que está
más hondo que los propios ojos y,
como los nidos de seda me parecían algodonosos,
te curé las heridas con ellas.

---

1 Tom: En la leyenda de Lady Godiva, "Peeping Tom" es el personaje que espió a Lady Godiva cuando ella cabalgaba desnuda a través de las calles de Coventry. La leyenda cuenta que los habitantes debían permanecer en sus casas con las ventanas cerradas, pero Tom desobedeció y fue castigado con la ceguera.

Del empeine decanté un vino generoso,
un V. O. R. S.[2] del ochenta y tres,
con final seco y distinguido
y con mucho cuerpo a su vez.
Taponé la herida y canté,
mitad nada y mitad ruego,
a la sombra de los pinos devorados,
un *sana que sana, colita de rana,*
y te besé los pies
en la eterna oscuridad del ciego.

Y, la verdad por delante,
cuando se convirtieron en criaturas aladas,
recobré la vista, porque me volvió
o porque nunca me fue privada,
nadie sabía.
Pero no te reconocí en la procesión,
no se te veía.
Encabezaba esta manifestación de fe
una sobria cruz de guía,
y de tanto incienso como había,
no pude reconocer entre la humareda
la insignia de la cofradía.

Entre la muchedumbre de viudas,
penitentes descalzos y enfermos sanados,
un alma había
a la que quise prestar mi ayuda.
Le entregué cuernos de escarabajo y ajo
y estas palabras le enseñé:
—"Cruz tengo", pero dilo así:

---

2 V. O. R. S.: Este término puede significar tanto "Vinum Optimum Rare Signatum"
como "Very Old Rare Sherry". Se refiere a una categoría de vinos de Jerez de excepcio-
nal calidad, envejecidos durante más de 30 años en barricas de roble en las bodegas de
Jerez de la Frontera, España.

con los brazos abiertos, como crucificado.
La había visto antes como un Cristo y su rostro
era el mismo rostro bello
que tanto había amado,
pero, rendido ahora a las inclemencias del tiempo,
del tiempo que pasa:
no del que llueve, quema y enfría.

Cuando llegó al hermano mayor
ni usó el amuleto ni recitó las palabras.
Un alma se liberó y la suya
se unió a la marcha macabra
condenando también a la mía.

Ahora, no hay día que pase
en el que no recorra estas calles,
esperando, aunque sea un ensayo,
de aquella marcha fúnebre que creí procesión.
Mientras aguardaba, alimenté a una mirla
con las orugas que no llegaron
a completar su transformación.
Y ella creció y voló entre arbustos.
Amó a un mirlo y anidaron juntos.
Danzaba en la libertad del aire,
soñó con ser cuervo, soñó
que sus cortas alas y aquel olivo salvaje
eran una prisión y que
aquello no era justo.

Pero la cuidé en la espera de otoño,
le di cobijo en invierno
cuando la comida era escasa
y las ramas andaban desnudas.

Mas en primavera, al volver la Pascua,
deseando ver tu alma liberada,
salí de nuevo a tu encuentro.
Pero la mirla se posó en un palco
y se despejaron todas mis dudas.
Recordé el vino, los ojos vacíos,
y que hay procesiones
que se llevan por dentro.

La rutina

Me desperté
con el corazón pequeño,
como de pájaro chico.
Siguió encogiéndose
hasta desaparecer de mi pecho.
Me volví a acostar, vacío.
Hoy escuché un murmullo,
eco de miedo y rumor de culpa:
la rutina devorando
lo que el amar nos oculta.

Quisiera ser

Quisiera no ser
ni la idea presente ni la persona constante.
Ni agenda del tedio ni voz de consciencia.
En ocasiones, quisiera ser
recuerdo de almohada y sábanas sucias.
Algo que rompes en caso de urgencia.
Pero soy nada más
que desconchado de pintura en las paredes de casa.
Retrato colgado, siempre acechante.
Y yo que quería ser menos palabras,
para poder siempre ser
simplemente tu amante.

La niebla

A la niebla partimos al alba,
procesión de almas en pena.
A la niebla, rocío en los ojos,
mirada perdida y cara serena.

En la niebla habitan recuerdos
de lunas crecientes y eternas esperas.
La niebla, hogar de fantasmas,
que se esconden del día
en esquinas menguantes.

A la niebla que habita mis venas,
espesa mi sangre con instantes de duelo.
En la niebla, amanecer suspendido,
recogiendo a ciegas en un limbo de vaho
pedazos del alma tirados al suelo.

Mirlos

Soñé que éramos mirlos,
nuestro nido en un olivo.
Y aunque al despertar
el sueño se tiñera de olvido,
aún recuerdo que podía volar
e intento batir las alas
entre las sábanas
y la madrugá.

El ciprés

Estoy en un cementerio.
Llora la viuda, yo miro al suelo.
En ocasiones, mientras tapian el nicho,
levanto la cabeza y miro al cielo.
Me uno tímidamente al coro,
con la boca pequeña, rezo.
Las nubes amenazan con tormenta.
Quizás no hay nada cierto,
quizás sólo existe lo que ves.
Y yo me siento
tan muerto como el cadáver
y tan vivo como el ciprés.

Morgana

Elévame en la angosta carne
que anda clamando bondades
en el yermo trigal que anduve.
Reinventa las lenguas con tu boca
y píntame versos con saliva.
Sal, viva, de las oscuras penumbras
donde anidas, entre plumas mudadas
y ramas de plantas que no pudiste salvar.
Oficia, desnuda, mi sepultura
y cúbreme con tu húmeda tierra.
Recuérdame, tal como salga el sol,
por qué amé el estar vivo
y déjame desembocar como la hoz
que baña con su hierro al trigo.

Sobre la puesta de luna

Nadie habla de la puesta de luna.

Al despertarme en la madrugada,
una luz dorada, como de farola viva,
entraba al dormitorio a hurtadillas.
La había visto antes flotando
en las mañanas frías y despejadas.
Su nívea redondez como una calcomanía
sobre un tapiz celeste.
Pero así, de este modo,
con su fulgor amarillo coronando el azabache,
así, nunca la había contemplado.

Ver por primera vez la luna
en descenso tras una noche en vela,
me arrancó del sueño y me dejó volteando
entre sábanas y albor limonado.
Y no sé cuántos gramos pesa un fotón,
pero sentí que algunos de los que entraron
se quedaron ahí, agarrados a mi cama,
posándose como un polen áureo,
con olor a jazmín y mantequilla.

"Así deben oler los fantasmas buenos",
pensé.

Y recordé,
por lunatismo o clarividencia,
el día que te vi marchar para siempre.
Sentí
cómo el corazón se deshizo en fango caliente
y descendió a lo más profundo del torso.

Nadie habla de la puesta de luna.
Y yo, de mi pena, tampoco le hablo a nadie.

Domingo de Resurrección

Mientras vertía aceite sobre la tostada
y despedazaba un trozo de jamón,
reconocí en mis manos las de mi padre.
Manos que comienzan en la muñeca
con el aroma de un perfume,
de padre también.
Manos que desprenden calor y,
por qué no decirlo, manos
que vi fuertes, capaz de levantar pesos
que los niños piensan imposibles.
Capaz de sanar golpes con una imposición:
alquimia de sangre, conocimiento,
mitad magia y mitad imaginación.

Y comíais chocolate en Domingo
de Resurrección. Y yo
escribía estos versos en la otra esquina
del salón. Con mi tetera de padre,
domingo de cumpleaños, lluvia,
y Cristo resucitado. Y padre muerto,
y manos que replican las suyas
en un eco de vidas y muerte.
Y resurrección, tal vez,
si es que tenemos esa suerte.

Susurros en la noche

Las lágrimas de la luna tejen versos
invisibles en el velo de la oscuridad,
y en el lienzo en blanco del olvido
de las noches que quedaron sin estrellas,
cuentan que yacen errantes
las almas de poetas perdidos.

Susurran las hojas marchitas
en el jardín, susurra el viento
a los vencejos, y me susurra
la vida doliente al ritmo
de mis latidos.

Relevo generacional

Noche de poetas viejos y lunas llenas.
De sangre nueva y amores muertos.
Y de coger un libro a la sombra
de fantasmales Caballeros.
Y aquelarres profetizando
versos nuevos.
Y de este Palo Cortado, no,
mejor de éste otro.
Reconocer sangre de poetas
en un nuevo rostro,
que me habla de bodegas y viñas.
Y la maldita luna, venga brillar,
iluminando tanto un nuevo principio
como mi propio final.

Haiku

Yo soy un árbol
y tú eres la lluvia.
Todo está bien.

El poema oculto

Te enseñaré los poemas que escondí
cuando la brisa me traiga tu nombre.
Cuando la santa trinidad de sílabas
resuene en lo más profundo de mí:
Donde el tuétano alberga
mi alma de hombre.

Los versos malditos quemaré
cuando abras tus ojos de bruja
y encuentres un mundo nuevo
que en tu sopor no viste florecer.

Y puede que, con esas cenizas
y este amanecer compartido,
entre ascuas y tras tanto daño,
yo también escuche, por fin,
un himno gigante y extraño.

Rompiendo la cuarta pared

Ésta te la dedico a ti.
Sí.
A ti.
A quien lee estos versos
sin saber que son suyos.
Con el deseo profundo
de existir dentro de tu ser.
De romper la linealidad
de lo que está vivo.

Que se rompa el papel
ante esta siniestra oda
para que seamos eternos en un poema.
¿Acaso te llegan mis palabras
como llega todo el mar
en cada ola?

Te murmuro en los sueños
y en la espuma que trae la marea.
Que, aunque hay rimas pobres,
no hay palabras feas:

Ronquido.
Basto.
Arcada.
Mieloma.

El sentido que arrastro,
tú sentada y yo
medio en broma.
Y así, engalano un acertijo
que se resuelve con la confirmación
de que sí, que, de veras,
ésta, te la dedico.
Pero, si en algún momento, por amar
me equivoco y te maldigo,
recuérdame que escribí estos poemas
y que los eché al mar
embotellados, avergonzado
por creerme experto,
arrepentido de lo que digo.
Y cuando los lea alguien,
¡aleluya!
No resucitará el muerto,
pero sus versos…
¡Ay, sus versos
estarán tan vivos!

Sistema

Sujeta firme mi cráneo hambriento
en la ingravidez que habita entre tus muslos
y permite que se alimente
esta pálida lengua furtiva
cuya hambre no deja vivir.
Cabalguemos hacia el horizonte blanco,
suma de los colores del alba,
que explote la materia y te pinte
una galaxia inmadura en el pecho.
La digestión que sea entre palabras
que digan: la muerte es sólo un rumor.
Y entre sábanas cubiertas de muertos
un lecho en el que fundirnos los dos.

Pose

Quiero ver tu pose en la sangre
derramada, en la vida huyendo.
Tu verdad ante la llama desnuda
de los acontecimientos que marcan
y prenden la razón en el fuego implacable
de los momentos inesperados.

Tu negación del amor quiero ver
frente al verdadero cáliz: la fuente.
Que quede entonces patente,
y sin lugar a dudas,
que el tiempo nos desnuda
siempre.
Hasta el interior más profundo
y caliente.

Confesión

Los primeros albores del día
me aguardan con vencejos danzando
ante una luna blanca y ovalada.

Será que los vencejos, de nuevo
guían mi paz y me invitan al vuelo.
Son los peces plateados del cielo,
los otros bendiciendo mis pies en la orilla,
éstos coronando mi desvelo.

He parasitado los vivos,
mientras exorcizaba a los muertos.
He desterrado a Dios,
mientras susurraba al alma.
En el camino, los fantasmas tienen latidos
pero igual desaparecen.
Algunos son figurantes y a otros
alguna vez los llamé amigos.

Tengo conversaciones pendientes
con quien comande en lo divino,
porque cada vez que le hablo,
realmente, lo hago conmigo.
Pienso que quizás quede un eco,
como una vibración remanente,
y que permanece sobre mi consciencia

una suerte de memoria
o de mente colmena.
Me lleva a buscar a Dios
en los silencios dentro de mi cabeza,
en la coreografía de los vencejos,
en el reflejo de la luz del sol
sobre la impertérrita luna llena.
Con esta mudez floto en el vacío,
y esta ruina no sé si es
un descenso o un trascender,
mientras recuerdo unos versos
que escribí en inglés:

In the scorching heat of day
it has retreated
behind reason's doors,
and with my pleas unsettled
I wonder still:
Am I unheard
or am I ignored?

Alado

Nunca os hablé
de lo grandes que son mis alas.
Ni de cuántas veces las plegué
hasta que se escondieron,
diminutas, entre la tinta
que adorna mi espalda.
Nunca os hablé de mi miedo,
ni de lo que añoro volar.
Tampoco os conté
de los que disparan,
y que, por cada bala que esquivo,
el plomo se esconde entre las nubes
y el cielo me pesa más.
Camino rápido.
Tanto que, en ocasiones,
lo dejo todo atrás.
Es lo más parecido a volar
que hago últimamente.
Las alas, veréis,
hay que saberlas ocultar.
No me vayan a confundir
con ángel o ave rapaz.
Ni soy tan vulnerable
ni soy tan capaz.
Tienen, las alas, vida propia
mas que las esconda

o las intente mutilar.
Por la noche, me crecen
donde anidan los intestinos.
Mi caja torácica se torna
como gallinero asaltado
por zorros hambrientos.
Todo es pluma magullada,
sangre, víscera, humo,
azúcar y vinagre.
Fértil terreno para que crezca
lo que no debería nunca crecer.
Pero las alas
quieren abrirse al mundo.
En ocasiones, me despiertan
de un sobresalto con sabor a muerte,
llenándome la boca de plumón.
Cojo aire y vivo un poco más.
Quizás lo que les sobre sea mi carne.
Quizás, llego a pensar,
deba dejarlas crecer de nuevo.
Dejármelas largas.
Desafiar la bala y el miedo...
Pero es que, cuando vuelo,
desde ahí arriba,
no os veo.

EPÍLOGO

Tumbo las grises horas
con la inercia del vivir.
Sin nido en mi propia casa
y maldito al soñar.
Ando detrás del momento dorado
pero sé que el caos vencerá.
Que me asaltará la muerte cuando crea
que lo estaba a punto de atrapar.

En la espalda llevo un recuerdo
de que estoy cansado y roto,
el espejo aún me miente
pero no así las fotos.
"¿Quién es ese
y qué le pasó?",
se pregunta una oculta parte de mí.
Pero prefiero el silencio de las lágrimas
acunando un mal dormir.
¿A dónde se marchó la risa?
¿Puedo esta máscara retirar?
Soy árbol de la ira,
todo culpa y mal amar.
Y pienso, dubitativo,
que éste es un amargo final.
"Escribe sobre un ángel de luz
que te traiga amor y paz,

dejando lugar a la esperanza".
Cualquier atisbo de optimismo
me parece un pensamiento banal,
pero quizás esa sea mi victoria,
¿quién me lo iba a decir?

Los amigos que no leerán estas líneas
desde luego no serán,
ni mucho menos aquellos que ignoraron
este triste mal versar.